AF259646

LETTRE

D'UN

CHEF DE TRIBU

A

UN MEMBRE DE L'ASSEMBLÉE NATIONALE

RÉPONSE AUX DISCOURS PRONONCÉS DANS LES SÉANCES DES 22 ET 23 NOVEMBRE 1872
PAR LES DÉPUTÉS DE L'ALGÉRIE

> « Obéissez à ceux que Dieu vous a donnés
> pour maîtres. »
>
> (COMMENTAIRES SACRÉS.)

Traduit de l'Arabe

PARIS

IMPRIMERIE NOUVELLE (ASSOCIATION OUVRIÈRE)

14, RUE DES JEUNEURS, 14

—

DÉCEMBRE 1872

LOUANGES A DIEU UNIQUE !

Il n'y a de durable que le royaume de Dieu !

A notre ami l'illustre, le digne descendant de ses nobles aïeux, le courageux, le bienveillant....., député à l'Assemblée nationale.

Que Dieu répande sa bénédiction sur vous et sur ceux qui tiennent à vous, et qu'il vous permette d'arriver à l'heure du jugement entouré de vos belles actions !

Après les saluts qui conviennent à votre position élevée, nous vous faisons savoir ce qui suit :

J'ai reçu le pli dans lequel j'ai trouvé votre lettre, émanation de vous-même, ainsi que les discours qui ont été prononcés à la grande Assemblée des élus de votre nation au sujet de l'Algérie et de ses habitants, et, quelque fâcheuse que soit l'opinion que ses députés aient conçue de notre intelligence et du savoir de vos interprètes, j'ai pu, grâce à l'un de ces derniers, comprendre non-seulement le sens général de la discussion, mais encore les appréciations personnelles de chacun des orateurs. C'est donc en parfaite connaissance de tout ce qui a été dit et résolu dans ces deux mémorables séances, que je viens, suivant le désir que vous m'en avez exprimé, vous faire part de l'impression que j'en ai ressentie, et vous soumettre mes humbles observations relativement à la domination de la France en Afrique.

Je prends Dieu à témoin que ma main ne tracera sur ce papier que des paroles véridiques et qui expriment les sentiments de la plupart de mes compatriotes.

Mais, avant d'entrer en matière, Dieu me fait un devoir d'adresser l'hommage de ma profonde reconnaissance à cette auguste *Djemâa* (1) de la France pour le vote qu'elle a émis.

Sa grande voix a traversé la mer qui sépare notre pays de la France, et elle a retenti comme la *Beschara* (2) dans nos plaines, dans nos vallées et dans nos montagnes.

Elle a annoncé aux musulmans, sujets de la France, qu'elle a confiance en eux, et j'ose affirmer qu'ils se montreront dignes de cette confiance. Sois béni, ô Tout-Puissant ! tu as uni par un même lien les cœurs nobles de tes serviteurs, quels que soient leur culte, leur langue ou leur pays.

Un de nos commentateurs a dit : « Dieu a permis l'existence de religions diverses, et, dans toutes, bienheureux sera celui qui aura fait le bien ! »

Je vais essayer, maintenant, de répondre aux questions que vous m'avez adressées, en suivant, autant que possible, les députés de l'Algérie dans l'exposé qu'ils ont fait de leurs opinions à l'égard des musulmans placés sous la domination de la France.

Ces honorables représentants croient que l'intérêt

---

(1) Assemblée.
(2) Bonne nouvelle.

de la France et de l'Algérie commande l'exclusion des musulmans du sein des Conseils généraux, que nous ne confondons nullement, croyez-le bien, avec les Conseils municipaux.

N'avons-nous pas, depuis des siècles, la *Djémâa de l'âarsh* ou *Kabila* (1), et la *Djémâa de l'outhan* ou *Eiêlet* (2), qui représentent, sous d'autres noms, le Conseil municipal de votre commune et le Conseil général de votre département?

Il ne m'appartient pas de discuter ici la question de savoir si la présence des notables musulmans dans les assemblées des Conseils généraux est, ou non, utile aux intérêts des deux peuples, et si elle est désirée ou redoutée par l'un ou par l'autre; cette question a été tranchée par le gouvernement français, et les notables musulmans siégeaient déjà à côté des conseillers généraux français.

Vouloir nous retirer aujourd'hui cette honorable prérogative ou cette grave responsabilité serait une marque de méfiance que l'Assemblée, Dieu la protége, n'a pas voulu nous infliger, et, en agissant ainsi, elle est restée dans la voie de la sagesse et de la justice.

Suivant quelques orateurs de l'Assemblée, la France serait en droit de se méfier du dévouement et de la fidélité des musulmans habitants de l'Algérie, surtout depuis la dernière insurrection.

Je pourrais retracer ici, avec des détails plus nombreux et plus frappants, les causes du dernier soulèvement des tribus arabes et kabiles, qui ont été indiquées par le chef illustre qui en a vaincu les

---

(1) Assemblée de la tribu.
(2) Assemblée du territoire occupé en commun par plusieurs tribus.

auteurs, et qui ont été énumérées dans le sein même de l'Assemblée. Mais, loin de moi la pensée de soutenir que ceux qui ont pris part à l'insurrection étaient dans leur droit ; non, je tiens à prouver qu'ils étaient coupables ; car, loin d'autoriser la révolte des musulmans de l'Algérie contre la France, notre religion leur commande l'obéissance et la soumission. Les commentateurs du Coran les plus vénérés dans l'islam sont précis à cet égard.

Ils ont posé des principes fondés sur la parole même de Dieu, qui doivent servir de règle aux musulmans dans leurs rapports avec les chrétiens, et je pourrais remplir un volume des citations de leurs textes.

Je me bornerai à en résumer le sens général :

« Les musulmans doivent exécuter *scrupuleuse-*
« *ment* les conditions des traités conclus entre eux
« et les chrétiens. »

« Le meurtre d'un chrétien, si ce n'est dans une
« bataille ou dans un combat singulier, est aussi
« condamnable que le meurtre d'un musulman. »

« Un peuple musulman doit résister, autant que
« possible, à la domination d'un peuple chrétien ;
« mais, quand il est certain que sa résistance ne
« peut plus amener que la ruine et une effusion de
« sang inutile, le peuple musulman doit se soumet-
« tre à la domination du peuple chrétien et le ser-
« vir fidèlement. »

« La trahison, dans ce cas, envers le gouverne-
« ment chrétien est aussi condamnable qu'elle le
« serait envers un gouvernement musulman. »

« La révolte des musulmans ne deviendrait un
« devoir que si le peuple dominateur, chrétien ou
« idolâtre, voulait les forcer à renier leur religion

« ou à ne plus observer ses préceptes. Dans ce cas,
« ils devraient mourir plutôt que se soumettre. »

Telles sont les règles établies, je le répète, par
les docteurs les plus vénérés de l'islamisme, et
quand elles sont transgressées, c'est que des musulmans, ambitieux et mécontents, profitant de
l'ignorance du peuple arabe, le surexcitent par la
prédication de textes religieux apocryphes et le
poussent à la *révolte* (1) qu'ils décorent du titré de
guerre sainte (2).

Hélas ! ces hommes ambitieux et mécontents
n'existent-ils pas ailleurs que chez les musulmans?
Et n'en voyons-nous pas qui, sans même avoir le
prétexte de combattre la domination étrangère, soulèvent des masses ignorantes contre leurs propres
chefs, contre leurs coreligionnaires, contre leurs
frères?

Punissez donc les coupables, mais ne concluez pas
de leurs fautes que tous les musulmans sont traîtres
et que leur religion leur commande la trahison.

Un des honorables orateurs a mis dans la bouche
de l'illustre et magnanime Sidi El Hadj Abd-El-
Kader un langage qui convenait au fils bien aimé
de Sidi Mahhi-El-Din, alors qu'il aspirait à la mission de régénérer l'islamisme. (Que Dieu nous fasse
participer aux grâces répandues sur cette sainte
famille !)

La foi ardente du jeune Emir lui cachait alors les
obstacles insurmontables devant lesquels devait
échouer son noble projet! Qu'on interroge aujourd'hui l'homme éprouvé par l'expérience et éclairé

---

(1) Nifak.
(2) Djihëd.

par les lumières de la science; qu'on l'interroge, dis-je, comme il m'a été permis de le faire moi-même, et on ne recueillera sur ses lèvres bénies que l'énonciation des préceptes dont j'ai résumé, plus haut, le sens invariable.

Un autre membre de l'Assemblée a avancé que les Arabes attendent chaque jour l'occasion favorable de chasser les Français de l'Algérie.

C'est nous croire vraiment dépourvus de sens, et admettre que nous ignorons les notions les plus élémentaires de la politique et de l'histoire des peuples.

Comment, malgré les luttes formidables qu'il avait à soutenir contre toute la chrétienté, malgré les guerres intestines qui le déchiraient, l'Islam a maintenu sa domination en Espagne pendant près de huit siècles, et nous nous leurrerions de l'espoir que la France abandonnerait l'Algérie le lendemain de sa conquête, et quand elle vient de nous prouver pour la centième fois que, malgré les désastres qu'elle a subis, elle peut toujours opposer des bataillons invincibles à tous nos guerriers réunis !

Certes, Dieu est tout-puissant, et il lui est facile de renverser les trônes les plus solides, comme d'abattre l'orgueil des peuples les plus puissants; mais l'histoire sacrée et l'histoire profane nous enseignent que les décrets impénétrables du Très-Haut sont soumis, par sa justice, à des règles aussi immuables que celles qui dirigent la marche des astres !

Et d'ailleurs, quand bien même la France (que Dieu éloigne d'elle tout nouveau malheur) serait forcée d'abandonner l'Algérie, cet événement ne

pourrait avoir lieu que par suite de l'intervention
d'autres puissances chrétiennes; nous savons cela,
et ce que nous savons mieux encore, c'est que de
tous les conquérants, celui dont la domination est la
moins dure, c'est la France.

Voilà la vérité.

On a encore accusé les chefs arabes de n'avoir pas
pris part à la guerre qu'a soutenue la France contre
l'Allemagne, et de ce fait, on a conclu que, chez les
musulmans, le peuple vaut mieux que la noblesse.

Dieu est trop juste pour ne pas répartir également
ment les dons de sa miséricorde sur toutes ses créa-
tures, et devant Lui, peuple et noblesse, pauvres et
riches sont égaux. Mais les défauts de l'homme sont
d'autant plus remarqués que la position qu'il occupe
est plus élevée et qu'elle suscite plus d'envieux.

Je crois que, dans cette circonstance, les chefs
arabes ont agi avec discernement. Ils ont pensé que
leur présence serait plus utile à la France dans le
pays où ils exercent leurs commandements, que sur
un champ de bataille où leur personnalité n'aurait
aucune influence.

Vous admirez, avec raison, l'élan courageux de
nos enfants qui sont allés partager les dangers de
vos braves soldats et mourir glorieusement avec
eux. Dieu me préserve de diminuer le mérite de
leur détermination, mais il ne faut pas l'attribuer
seulement à leur dévouement à la France. Les Arabes de notre époque, quoique fils dégénérés des
Djouèds (1) qui, il y a douze cents ans, conquirent
l'Afrique et l'Espagne, ont conservé pourtant, de leur
noble héritage, l'amour des combats et l'esprit d'a-

---

(1) De sang pur.

venture. Ils ont d'autant plus facilement cédé à leurs penchants naturels, qu'ils accompagnaient vos soldats qu'ils considèrent comme des frères; car, pour eux, la fraternité de la poudre l'emporte sur la fraternité du sang. Et puis, enfin, vous l'avouerai-je confidentiellement, la perspective de tuer du chrétien, sans trahir son serment de fidélité, n'est-elle pas un puissant attrait pour les fils de l'Islam?

A propos des chefs arabes, permettez-moi quelques réflexions qui rentrent, d'ailleurs, dans le cadre des questions que vous m'avez adressées.

Je comprends que certains hommes compétents, parmi vous, repoussent l'idée de confier encore de grands commandements aux descendants des nobles familles arabes, dépositaires, depuis des siècles, d'un pouvoir incontesté. Je comprends également que, devant la régularité apportée en France dans la perception des impôts, vous soyez péniblement impressionnés des exactions commises par nos chefs à l'égard de leurs administrés.

Mais, parce qu'un ami ne vous est plus utile, devez-vous oublier les services qu'il vous a rendus et l'abandonner?

N'est-ce pas avec ces chefs que vous avez d'abord traité de la soumission des tribus qui formaient leur clientèle?

N'ont-ils pas pris part à la longue lutte que vous avez soutenue contre Abd-El-Kader?

N'ont-ils pas organisé et gouverné le pays, alors que vous ne pouviez le faire vous-mêmes?

Beaucoup d'entre eux ne sont-ils pas morts à votre service?

Et s'ils commettent des exactions à l'égard de leurs administrés, leurs tentes ne sont-elles pas constamment ouvertes aux hôtes de Dieu, et la solde que vous leur donnez représente-t-elle la dixième partie des dépenses que leur imposent l'hospitalité et les aumônes ?

Toutefois, je le répète, des hommes honorables et compétents peuvent différer d'opinion sur l'utilité ou l'inconvénient de confier de grands commandements aux familles nobles de l'Algérie, mais nul homme juste et raisonnable ne comprendrait que la France ne tînt pas compte des grands services rendus par les divers chefs de ces familles.

Témoin de cette marque d'oubli, le peuple, qui aime ses seigneurs plus que vous ne pensez, ne manquerait pas d'en conserver un pénible souvenir.

Croyez-en un vieil ami de la France; ne vous hâtez pas de détruire l'œuvre du grand chef qui a vaincu Sidi Abd-El-Kader, ce maréchal Bugeaud, qui avait su si bien se faire craindre et se faire aimer, qu'aujourd'hui encore son nom est vénéré dans le gourbi du berger comme sous la tente des grands.

Dieu me préserve d'avoir l'audace de répondre à la question que vous me faites : « Quel gouvernement préférez-vous? le gouvernement militaire « ou le gouvernement civil? » C'est le maître de la tente qui doit choisir le serviteur auquel il en confie la garde, et c'est le capitaine qui doit diriger son vaisseau.

Tout ce que je puis vous dire à ce sujet, c'est que là où vous n'aurez pas d'insurrection soudaine à redouter, là où vous aurez un grand nombre de chrétiens cultivant la terre, conservez des agents civils.

Mais, là où n'habiteraient que des musulmans

arabes ou kabyles, là où une insurrection serait
possible, n'ayez que des militaires qui seront, en
même temps, guerriers, administrateurs et magis-
trats ; — nous les avons vus à l'œuvre, et, la part
étant faite aux défauts inhérents à l'humanité, nous
les avons jugés capables et dignes de nous gou-
verner.

Que les parties du pays administrées par les fonctionnaires civils, et celles gouvernées par les militaires, soient nettement délimitées et entièrement
distinctes, afin que tous ceux qui iront s'y établir,
musulmans ou chrétiens, sachent, préalablement,
quels y seront leurs droits et leurs obligations.

Je désire, à mon tour, vous prier de répondre à une
demande que je prends la liberté de vous adresser.

Dans nos conversations intimes entre chefs,
fidèles serviteurs de la France, nous avons souvent
parlé du choix des kadhis, qui, vous le savez sans
doute, occupent dans la société musulmane la position, sinon la plus élevée, du moins la plus impor-
tante, puisqu'ils sont tenus de connaître notre loi
religieuse et civile et d'en assurer la juste applica-
tion.

Nous nous demandions pourquoi le gouvernement
français, en choisissant et en nommant lui-même
les kadhis, consentait à assumer ainsi la responsabilité des injustices et des prévarications qu'ils commettent chaque jour, à la honte de l'islamisme ?

Pourquoi ne laisseriez-vous pas élire ces magis-
trats par les tribus elles-mêmes, qui seraient alors
seules responsables du choix qu'elles auraient fait ?

Votre kadhi, à vous, c'est le tribunal composé de
juges intègres qui appliquent la loi française, et que
nous avons appris à respecter.

Les musulmans qui ne seraient pas satisfaits de leurs khadis, *dans les questions civiles*, sauraient bien s'adresser à votre tribunal.

Quant aux questions religieuses, dans lesquelles sont également compris le mariage et le divorce, pourquoi vous en mêler, même indirectement? Je vous dirai, à ce sujet, que nous avons été grandement surpris de voir que vous vous préoccupez de notre culte bien plus que vous ne semblez vous occuper du vôtre.

Il est bien entendu que, dans le cas où vous renonceriez à choisir vous-mêmes les kadhis, les actes rédigés par leurs soins n'en seraient pas moins soumis à votre contrôle.

Il me reste encore à répondre à une proposition énoncée par un honorable orateur de l'Assemblée. D'après lui, il n'existe pas et il ne doit pas exister d'antagonisme entre le peuple arabe et les colons européens.

Hélas! affirmer un fait semblable, c'est voir la situation avec l'œil du désir, mais non avec l'œil de la réalité.

Oui, il y a un antagonisme qui ne provient ni de la haine, ni de la diversité de races, ni de la différence de religion, cet antagonisme est le résultat naturel, logique de la situation des deux peuples juxtaposés en Afrique.

Un regard vers le passé me paraît nécessaire pour vous expliquer ma pensée :

Nous avons, depuis des siècles, la possession ou la jouissance du territoire entier de l'Algérie. Lorsque vous en avez fait la conquête, vous nous avez promis de respecter nos biens. Plus tard, vous avez pris possession des terres du beylik (terres domaniales), c'était votre droit, et vous y avez établi des colons européens. Le nombre de ceux-ci ayant augmenté, vous les avez successivement installés sur les territoires dont nous avions la jouissance. Quand nous exprimions aux chefs des bureaux arabes les craintes que nous inspirait l'arrivée de nouveaux colons, ces officiers, qui étaient nos frères d'armes, tranquillisaient nos esprits en nous affirmant que les colons ne pénétreraient pas plus avant dans le pays, et que nous ne serions jamais dépossédés des terres cultivées par nos pères. Leur affection pour nous les engageait à nous tromper, ou peut-être se trompaient-ils eux-mêmes ; ce n'est point une accusation que je porte contre eux, c'est un fait que je constate.

Tant est-il que, chaque jour, de nouvelles atteintes étaient portées à nos droits de jouissance et de possession, et chaque jour, pourtant, on nous renouvelait l'assurance qu'on entendait les respecter.

Comment la méfiance ne serait-elle pas née dans l'esprit des Arabes, en face du contraste qu'ils constataient entre vos actes et vos promesses ?

Quelles terreurs ne devait pas leur inspirer l'avenir, quand ils étaient témoins de l'instabilité de vos décisions et du changement incessant de vos fonctionnaires, dont le langage et la conduite variaient en raison du système en faveur ?

Eh bien ! je crois qu'une grande nation comme la France ne doit pas donner lieu à ce qu'on puisse même la soupçonner de vouloir arriver au but par des voies détournées.

Il y a, ici-bas, des obstacles inévitables que le plus fort doit aborder avec franchise et fermeté, et des situations fatales que le plus faible doit subir avec dignité et résignation.

Vous êtes les plus forts, et je dois à la vérité d'ajouter, les plus justes et les plus généreux ; dites-nous donc franchement :

« Il nous faut la terre nécessaire pour y établir « nos cultivateurs, afin de justifier et d'utiliser notre « conquête. Nous prendrons d'abord celle qui nous « appartient, comme successeurs des Turcs qui la « possédaient, et celle que les lois de la guerre nous « ont autorisés à confisquer. Puis, au fur et à me-« sure de l'arrivée de nouveaux cultivateurs fran-« çais, nous vous achèterons les terres dont nous « vous avons reconnu et dont nous vous reconnais-« sons formellement la possession. Ceux d'entre vous « qui désireront rester voisins de nos colons, devront « se soumettre aux obligations qui leur seront im-« posées et respecter les mêmes lois et les mêmes « usages. »

Alors nous saurons à quoi nous en tenir et, comme *la terre de Dieu est large*, nous prendrons telle détermination que nous jugerons convenable. En tout cas, nous n'aurons pas le droit de nous plaindre, car vous aurez usé, avec sincérité et avec justice, de votre droit de conquérants.

Il ne me paraît pas hors de propos, en terminant les observations qui précèdent, de vous citer un dicton arabe qui résume l'opinion des musulmans en matière de gouvernement :

« Le sabre du sultan doit être toujours tiré du « fourreau !

« Sa main doit être sans cesse ouverte !

« Et sa parole, une fois sortie de sa bouche ne « doit plus y rentrer !

Ne pensez-vous pas que les musulmans ont raison de donner pour bases au trône de leurs sultans qui, dans l'origine de l'islam, étaient électifs, la force, la générosité et le respect de la foi jurée?

Comprendrez-vous bien le sens de ma lettre? Je l'espère, grâce à votre haute intelligence. Veuillez considérer les idées que je vous soumets, non point comme les conseils d'un présomptueux, mais comme les avis d'un vieux serviteur, dont le désir est d'être, en même temps, utile à ses compatriotes et à la noble nation dont ils ont reçu tant de preuves de bienveillance et de générosité. La moindre n'est pas le vote de confiance que ses plus nobles enfants viennent de leur donner. Nous nous en montrerons tous dignes, je l'espère ; en tout cas, la France peut être certaine qu'en prenant part aux délibérations des Conseils généraux, nous n'y soutiendrons jamais une motion de nature à porter la moindre atteinte à l'ordre, à la justice ou à la religion, conditions sans lesquelles nul gouverne- n'est stable et nulle nation n'est prospère.

Que Dieu daigne nous faire rencontrer dans une heure fortunée, qu'il nous maintienne dans la voie du bien et qu'il nous couvre de sa miséricorde.

SALUT.

Ecrit par la main périssable de l'humble serviteur de son Dieu glorieux.

ALI ***

En date de la fin de novembre de l'année du Messie 1872.

Paris. — IMP. NOUV. (Assoc. ouvrière), 14, rue des Jeûneurs. — G. MASQUIN et C.

www.ingramcontent.com/pod-product-compliance
Lightning Source LLC
Chambersburg PA
CBHW051326050726
47595CB00008B/3734